天笑人語

山北宣久

目次

I

II

III

Ⅳ

装丁・イラスト　長嶋洋一

I

笑いは
病を吹き飛ばす!

「噺《はなし》家《か》殺すにゃ刃物はいらぬ。あくび一つで即死する」

噺家がお客を笑わせられなくなったら、もうおしまいです。即死しなくても豚《とん》死《し》ならぬ頓《とん》死《し》するか、悶《もん》死《し》することでしょう。

噺家ではありませんが、話すことを仕事とする牧師の場合も決して他人《ひと》ごとではありません。準備を充分にして一生懸命説教しても、うつらうつらと船を漕《こ》ぐ人、勢い余って椅子から転げ落ちた人、大きな口を開けて背伸びをする人だっているんです。こんな人を前にすると、即死までいかなくても、結構傷つき、自信喪失になってしまいます。かといって、冗談とばして笑ってごまかそうとすると、かえって逆効果。「落語家じゃあるまいし」とひんしゅくを買ってしまいます。

「礼拝中に笑うなんて不謹慎だ」と怒るあなた。人間だけが笑うことができるんです。それって豊かな心の現れだと思うんですが、いかがですか?

アメリカ・テキサス州の病院レポートにこんなことが書かれていました。入院患者が退院するまでの日数が、その病院だけ他の病院よりも極めて短いのです。原因を探ってみると、その病院では、病院従事者がユーモアを大切にし、彼らの会話には笑いが溢《あふ》れ、患者さんと一緒に笑うことを大切にしていたというのです。「笑いは病を吹き飛ばす」というのは、どうやら本当のようです。

最近の研究によると、笑いは自然治癒《ちゆ》力を増し、免疫力を高めると医学的に裏付けされたようですが、笑うとき、顔の筋肉を何本使うかご存知ですか? 十三本だそうです。反対にしかめっ面《つら》になると何本使うのでしょう。なんと六十本も使うのです。これではグッと若やぐのではなく、早くシワが寄り、ドッと老け込んでしまいます。やっぱり笑う方が断然お得ですよね。

「ユーモアの聖人」と言われたトマス・モアという人がいました。彼のユーモアを求める祈りです。

主よ、私にユーモアと冗談を解する恵みをお与えください。人生においてささやかな喜びを見いだし、心から笑うことができ、それを人に伝えることができますように。アーメン。

彼はヘンリー八世の理不尽な要求を拒み、良心に従って処刑されましたが、断頭台に頭を載せたとき、「私のヒゲは陛下に対して何も悪いことをしていないのだから、切ってはかわいそうだ」と言って、あごヒゲを横に向けて首を切られたそうです。さすがはユーモアの聖人トマス・モア。モア・グッド。

三み一体！

聖書の核心、信仰生活の中心の一つに「喜ぶ人と共に喜び、泣く人と共に泣きなさい」（ローマ一二章一五節）というみ言葉があります。

私の実感としては、泣く人と共に泣くよりも、喜ぶ人と共に喜ぶ方が難しいと思えますがね。泣く人の側にいて、「お気の毒ね。祈っていますから」などと言えても、喜ぶ人と一緒に、「良かったわ、私も嬉しい」などと言いにくいものです（なぜ女性言葉なの？）。そして、成功した人が一転失敗しようものなら、「ざまあミソラシド」などと密やかに喜ぶおぞましさを持つのです。

なぜ、こうなのでしょう。ねたみです。ねたみが喜ぶ人と共に喜ばせなくするのです。嫉妬《しっと》とはなぜか女ヘンで書くのがヘンだと思いますが、男の嫉妬もなかなか陰湿です。「サラリーマン社会は嫉妬構造」と言い切った作家がいますけれど、宗教家のねたみだってすごいものがあります。この私だって……。そういえば、イエス・キリストは宗教家のねたみゆえに十字架につけられたと聖書に書いてありますナー（マタイ二七章一八節）。

ともかく、「ねたみ、そねみ、ひがみ」は地獄の三み一体となります。この地獄の三み一体は、人と人とを切り、神と人の間を切り、さらには、自分と内なる自分を切り、自己分離・自己分裂をもたらし、人間の尊厳を失わせしめます。この切れ切れに切れていくことが「罪」ということの内実なのでしょう。

さらに、「ゆるみ、りきみ、たるみ、いやみ」が加わると、七味唐辛子ならぬ七み一体となるのかナー。

この問題性を超えさせるのが、天国の三み一体です。つまり、神の「恵み、憐れみ、慈しみ」といった上から与えられるもので、これが人間性回復の基となるものであることは、昔も今も変わりません。神よりもたらされる「恵み、憐れみ、慈しみ」を、パラボラアンテナを拡げてすべてを受け入れるごとき大らかさが欲しいものです。素直に感謝していただく、こうした大らかさこそ人を根底から豊かにしていくのではないでしょうか。

私も遠慮と勉強と謙遜をしない人と言われていますので、どうせならこの天国の三み一体の贈り物を受け取ることに遠慮しないでいこうと心に決めています。そうすれば、意義のある「歩み」「すごみ」を増したたかさ、そして感謝の「極み」たる日々を重ねていくことができるのではと思いますがね。

アッ、また三み一体になってしまった！

涙は神のおわかりになる言葉

私は幼少の頃、いじめられっ子で泣き虫。いつもビービー涙を流していました。大きくなるとその反動で強気に転じ、今や「血も涙もない男だ!」と言われるまでに至りました。これは牧師としては致命的。同情も共感する感性も失った有り様だとすれば、人間として最低の部類にランクされてしまうことで、ヤバイ、マズイ、ヒドイということになるのでしょう。

旧約聖書の「詩編」の中に

あなたの革袋にわたしの涙を蓄えてください。
(五六編九節)

という印象的な言葉があります。これでいくと血も涙もない人の皮袋は乾燥し、バリバリになり使い物にならなくなってしまうのかもしれません。こんなことではタマネギでもむいて、涙を流すしかないかも？　まあ「日照り続きは砂漠をつくる」ということわざは至言ですね。

ハッピー、ラッキーなんて連発しているうちに、大切なものを失うこと必須です。贅沢《ぜいたく》と安楽しか知らぬ生活、悩みを知らぬ人生というものがあるとすれば、確実に人間性を欠落させていくと思われますがね。

ところで、聖書で最も短い節はどこにあるかご存知ですか。「イエスは涙を流された」（ヨハネ一一章三五節）です。英語の聖書では「Jesus wept.」と二つの言葉だけです。一番短い言葉で、一番多くのことを語っていますよね。

ラザロの死を悲しみ嘆く主イエスにおいて、人間の涙、私たちが泣くこと、それが神に理解され、受け入れられているのを知らされます。主イエスご自身、こう宣言されました。「悲しむ人々は、幸いである、その人たちは慰められる」（マタイ五章四節）。ルカは「今泣いている人々は、幸いである、あなたがたは笑うようになる」（六章二一節）と直截《ちょくせつ》的に書いています。

ともかく、泣くことの中で人は悲哀のイエスに会うのでしょう。

「涙は神のおわかりになる言葉です」という詩をご紹介しましょう。作者はゴードン・ジェンセンという人です。

なぜ涙がでてくるのか不思議に思いました
物事はあてにしていたような結果になりませんでした
しかし神はそばにお立ちくださり
落ちる涙をご覧になっています
神は打ちひしがれた魂の涙をご覧になっています
神は人と一緒に泣いて手を取ってくださいます
涙は神のおわかりになる言葉です

(Gordon Jensen, "Tears Are a Language God Understand" 1971)

やはり、「血も涙もない奴」は損ですな。人と共感する魂を得られぬだけでなく、神におわかりいただく言葉をも失ってしまい、孤独の中を荒涼と歩まなければならないのですから。ああ何だか泣けてきた。

ペーソスの語源

まだまだ寒ーい季節に、こんな詩をご紹介しましょう。高見順の「冬は」という詩です。

冬は
手から冷える時と
足から冷える時がある
悲しみは
いつも真すぐ心に来る

真すぐ心に来た悲しみは、紛らわさず、目を逸《そ》らさず、ストレートに心で受け止め、抱きしめることからしか歩み始められないのかもしれない。そんなことを思い知らされる冬です。

もう一つ。同じ高見順の四行詩で題は「愚かな涙」です。

耳へ
愚かな涙よ
まぎれこむな
それとも耳から心へ行こうとしているのか

この詩は、病床にあった最晩年の詩集『死の淵より』に収められているだけに、胸に迫ります。

私が「マイナスの三み一体」と呼んでいるものに、「痛み」「悲しみ」「苦しみ」がありますが、人はこれを人生の負に属するものとして、本能的に避けようとし、それらを忘れさせてくれるものに心を向けようとします。それが、近年のお笑いブームだなんて思いたくもありません。

今日、悲しむべきことと悩むべきことがあまりに多くあるにもかかわらず、悲しむ人や悩む人が、かつてなかったほどに少なくなっているとの声を耳にしました。心が動かないのは、悲しみや悩みに対する共感が不足しているからでしょう。そして思ったのです。悲しみや悩みに対する感性や共感の喪失は人間性の退化現象ではないかと。

またこうも思いました。人の痛みや苦しみを理解できないばかりか、悲しむことすらできない人は、人間性から離れてしまっている。そして、悲しみに共感できずにいて、心を失い、人間らしさがなくなれば、ますます寒々しさが増していくと。こじつけだって言われそうですが、「悲」という字を「心に非《あら》ず」と書くことは案外正解なのではないでしょうか。

ところで、「○○力」という言葉が溢《あふ》れていますが、それを悲しみに当てはめると「悲しみ力」となります。これは悲しむ能力であって、他者の悲しみを我が悲しみとすることです。そしてこの「悲しみ力」の衰退をいちばん悲しみ、何よりその回復を強く望んでいるのは、他ならぬこの私の創造主でしょう。

悲しむ人々は、幸いである、その人たちは慰められる。（マタイ五章四節）

とは聖書の言葉ですが、この主イエスが語られた「悲しみ」はギリシャ語ではペントスといい、英語のペーソス（哀愁）の語源となっています。悲しみは、人の心の優しさと神の深い憐れみを私たちに教えています。そればかりか、悲しみの中で人は神と再会し、悲しみを共感しうる心が与えられます。そして、心の中で人と人とが分かちがたく結ばれ、何より自分自身を深く再確認させていくのでしょう。

断じて喜ぶ

「楽しみはあるけど、ヨロコビがない」。これが現代社会の特徴かもしれません。英語で言えば、Pleasure（快楽）はあっても、Joy（歓喜）が乏しいということになるのでしょう。いろいろ心悩ます問題の根本をたどっていくと喜びがない、喜びの喪失が原因だということが多いのではないでしょうか。ヨロコビがないとホコロビが出る？　もちろん、何でも喜んでいりゃイイというものではありませんし、喜べるような世相ではないという声も圧倒的に多いようです。

しかしです。「喜べないにもかかわらず喜ぶ」。ここがポイントなのです。聖書には「喜びなさい」という言葉が八百回も出てくるそうです（自分で数えないで、他人が一生懸命数えたものを一瞬に引用してスミマセン）。

主を喜び祝うことこそ、あなたたちの力の源である。（ネヘミヤ記八章一〇節）
主によって喜び躍れ。すべて心の正しい人よ、喜びの声をあげよ。（詩編三三編一節）

とあるように、神は喜ぶことを望んでおられます（でも悪魔は人が恐れに閉ざされることを願っていますヨ）。

「喜びなさい」というからには、神は、最後は喜び、勝利に至る道を備えてくださるからこそ、そう勧めるのですし、祈りの内に神とつながれ、みずみずしい生命が樹液のごとく注がれ、喜びがもたらされる。その結実が復活なのだ。これを主イエスを通して神が約束してくださっている。だから「にもかかわらず喜び」、難しい中でも「まあいいか」と言って人生のリセットボタンを押して、やり直し、生き直し、とらえ直しができるのです。

「喜びは祈り、喜びは力、喜びは愛。どんな辛いことがあっても、復活されたキリストの喜びを忘れてしまうほどに、悲しみで心を満たしてしまうことが決してないように」

と言ったのはマザー・テレサですが、まさにその通りです。

考えてみれば、私たちは喜ばされていることの方が多いのかもしれません。子どもの頃はオモチャが与えられれば喜び、取りあげられれば大泣きをするように、喜ばされるものによって一喜一憂していました。しかし大人になった私たちは、喜ばされるのではなく、断じて喜ぶ、こうした力強さに満たされたいものです。

JOYは、「Jesus Others Yourself」（イエス、他者、あなた自身）の頭文字をとったもの。おっと、これはこじつけですが、キリストにあって自他共に結ばれるものからもたらされるのです。とにかく喜びましょう。「喜ぶ人と共に喜び、泣く人と共に泣きなさい」（ローマ一二章一五節）とありますから。

A=X+Y+Z

アインシュタイン博士がかつて人生に成功するための最上の方程式を考え、記者団に発表したことがありました。

その方程式とは「A＝X＋Y＋Z」。

みんな？？と思っている中、博士は満面の笑顔で説明しました。「人生の成功をAとすれば、Xは仕事、Yは遊びです」。あとは沈黙が続くばかり……。そこで当然のことながら記者団から質問が湧き上がりました。「ではZは何ですか？」。「それは」と博士はさらなる笑顔。まさに破顔一笑で言い放ちました。「それは今、私が実践したように、口を閉じておくことじゃ。じゃあ」と言って煙のごとく消えたそうな。

沈黙。口を閉じておくこと。なるほど、これは時として大きな意味を持ちますね。然《しか》りと否《いな》をはっきりせねばならぬとき、黙っているくせに、言わなくてもよいことをベラベラしゃべり、失敗してきたことが何と多いことでしょう。

「ああ、何であんなことを言ってしまったのだろう」とフトンの中で叫んでみても後の祭り。すべてはフトンの中でフットンダことがあまたある私です。

黙ること。それは勇気のない卑劣な沈黙ではありません。性格から来る弱気、消極性のダンマリでもないでしょう。むしろ真実の言葉を語るために、しばし沈黙の期を経る深さを意味するのだと思えます。沈黙の沈は軽々しくない、落ち着いている、沈着、沈勇、沈潜、沈重の沈ですからね。

ゲーテがマクア・クルム教会を訪問したとき、説教壇に「Lingua《リングア》 Fundamentum《フンダメントゥム》 Sancti《サンクティ》 Silentii《シレンティイ》」と彫刻されているのを見て心動かされ、手帳に書き写してきたと日記に記してあります。それは、「言葉は聖なる沈黙に基づく」という意味のラテン語です。

沈黙を経ない言葉は軽く、その場限りの思いつきで何も残さないことが多いことをすでに経験を通して知っているはずなんですよね。「ナチズムを生み出したものは沈黙とまさに正反対のもの、すなわち、怒号、号令、叫び声であった」とマックス・ピカートの言葉がピカーッと射し込みます。

静かに深い沈黙の中で祈る。そうした内面の世界を掘り下げ、外面に向かっていきたいとしみじみ思います。ともかく沈黙を持って深いものを語り伝える世界があるのでしょう。旧約聖書の詩編一九編にはこうあります。

話すことも、語ることもなく
声は聞こえなくても
その響きは全地に
その言葉は世界の果てに向かう。　（四、五節）

黙ること、それは叫ぶこと以上に深く広い周囲に及んでいくものであるようです。「『静かなること林の如し』という心境に私はなりたいのです。わかりますか」と言ったら、あるフランス人が「わかりません。だってあなたは木ではないもの」と答えたそうです。無念無想より残念無念な話ですな。沈黙は神からの言葉を思いめぐらす領域にあるのかも。

待つ心

二十世紀の辛《つら》い経験の一つにシベリア抑留がありました。その抑留生活者の体験談を読んだことがあります。

三分の二が死に、三分の一が生きた。その生死を分けたものは何か。自暴自棄にふるまった人たち、そして心配性の人たちは生き残れなかった。それに対して、置かれた状況を受け入れ、それに耐え、待つことができた人たちは生存した。

待つことができると、生きる力になるのですね。

さて、この「待つこと」が苦手なのが現

代人の特徴であるといわれています。ある大学の心理学教室で、待ち合わせをしている人が、遅れてきた相手を何分くらいまでなら待つことができるのかを調べたことがありました。場所は渋谷のハチ公前広場。結果は三十分までなら待つことができるというものでした。

ハチ公前広場から歩いて十分ほどのところに住んでいた私の印象は、携帯を持っていてもダメなのかなぁ、よく三十分も待てるなぁ、というものです。私は、短足で気が短く、「ゆっくり、じっくり、たっぷり」がなかなかできません。なにしろ信号待ちでは足踏みし、エスカレーターでは階段飛ばしで昇ってしまうほどですから。

十一月の終わりになるとアドベント、つまり待降節に入ります。アドベントは、「〜に向かって接近する」という意味のラテン語から来た言葉で、冒険を意味するventure《ベンチャー》とかadventure《アドベンチャー》も同じ語源です。このエッセイを連載した「サインズ・オブ・ザ・タイムズ」を発行している福音社も、その母体はセブンスデー・アドベンチストというプロテスタントの一派で、アドベントをその特徴、特質、特異点としていて、「再び来られる主イエスを待つ」という信仰を持っています。

ところでこの「待つ」ですが、あの「松」と関係があるってご存知でしたか？　なんでも「松」は元来神々が降り来るのを「待つ」木であるとか。そういえば、お正月に門松を置くのも、歳神や神々が到来するのを喜んで待つということらしいです。あの能楽の舞台にも大きな松の木が描かれていて、その松を背にしつつ、神の到来を待ちつつ舞うのです。でも、待つことは難しい。

二〇〇九年に生誕百年を迎えた太宰治は「待ち待ちてことし咲きけり桃の花白と聞きつつ花は紅なり」と詠んで、待ちきれず自死してしまいました。

待つという不安定な立場をあえて選び、忍耐を持って待ち続ける。でないとマツはマツでも、オソマツ、アヤマツ、フシマツになってしまいそう。「たとえ、遅くなっても、待っておれ。それは必ず来る、遅れることはない」（ハバクク書二章三節）の言葉が心にかかります。

愛の後ろ楯《だて》

子どもの頃に聞かされていた話が思い出されます。これはずっと後になってダンテの『神曲』の中のエピソードだといわれましたが、ダンテイできていません。

ある寒い冬のこと、ある男が窓にこびりついた霜を削り取ろうとしていた。彼を訪ねた友人は、なかなかうまくいかないその様子を見て言った。
「なぜ暖炉に火をつけないのか。火を燃やせば部屋が暖まり、霜なんかすぐに消えてしまうのに」

きっとキーキーと嫌な音がしたことでしょう（私としては、りんごをかじるシャリッとした音の方がイヤですが）。私には、この男の姿は、次から次に起こる問題とまさに窓にこびりついた霜を削り取るかのように悪戦苦闘している自分の姿に見えます。それとともに、温かい心と豊かな愛があれば、どんな問題でも一挙に解決へと向かうことを予感させられます。

ところで、国語辞典で一番初めに出てくる言葉は何でしょうか。私の持っている辞典では「愛」です。では、最後に出てくる言葉は？　「腕力」です。愛で始まり、腕力で終わる。何やら象徴的ではありませんか。結局、腕力、財力、政治力が最終決着をつけてしまう。これでは、あまりにも悲しすぎます。

愛で始められたものは愛で終わる。愛で決着する。こうでなければなりません。ラテン語では、「愛はすべてに勝利する（Amor《アモール》 Omnia《オムニア》 Vincit《ヴィンシット》）」というそうです。もし私がサインを求められたら、このひと言を書くことにしましょう。

国語辞典のように分厚い書物で、愛という言葉が最も少ない書物といえば、六法全書です。憲法の前文に「平和を愛する」とたった一回あるだけです。まあ愛があれば法に訴えなくても解決するということはたくさんありますからね。

では反対に、愛が最も多く出てくる分厚い書物といえば？

「もちろん聖書です」。そう答えたあなた、ピンポンピンポン……ではありません。実はカラオケの歌詞集なのです。しかしカラオケで歌いあげられているのは、愛の喜びではなく、愛の無情です。演歌ではなく怨歌《えんか》と書いたほうが良いといわれるくらい、悲しみ、辛《つら》さ、苦しさ、恨《うら》みを愛という言葉に込めて歌っています。これでは、愛の氾濫《はんらん》ではなく愛の反乱ですナ。

今日、愛という言葉はちまたに溢《あふ》れています。人はいとも簡単に愛を口にします。だからこそ、何より真実の愛の後ろ楯《だて》を計らなければなりません。

赦《ゆる》されて生きる

　昔、中学生の悪ガキたる私たちを集め、聖書を英語で読むというバイブルクラスをしてくれた宣教師がいました。申し訳ないことに、英語力は身につかず終わってしまったのですが、一つ忘れられないことがあります。

　あるとき、その宣教師が突然、「みなさーん、英語で一番難しい言葉は何であるか、わっかりますか?」と独特のイントネーションで質問したのです。発音のことなのか、意味のことなのかわからず、意表をつかれてポカーンとしていましたが、宣教師が「わっかりますか?」「わっかりますか?」と畳《たた》みかけるものですから、やむなく「わっかりましぇーん」と答えたのです。すると宣教師は、クルッと背を向けて黒板にデカデカと書いたのです。「Forgiveness《ファーギブネス》」。そして言いました。「赦《ゆる》しです。これ、一番難しい言葉ですヨ」。確かにその後、歳を重ねる毎《ごと》にその通りだと追体験していくことになりました。

英語だけではなく、日本語でもフランス語でもどんな言葉でも最も難しいのが「赦し」でしょう。「赦し」は「許し」ではありません。「許し」は「permission《パーミッション》」です。もちろん「許し」だって難しいでしょう。でも「赦し」は「赦し難《がた》きを赦す」のですから、そこには犠牲や血を流すごとき痛みがあるのです。

「父よ、彼らをお赦しください。自分が何をしているのか知らないのです」（ルカ二三章三四節）。この十字架上のイエス・キリストの言葉のもとに置かれているのが私たちの人生なのでしょう。全く人を赦せないのがこの私。だから最も難しい言葉は「赦し」となるのだと言われると、心にチクチク刺さります。

こんなブラックな話があります。

ある人が主イエスに尋ねました。「イエスさま、あの男をぶん殴りたいのですが、よいでしょうか」。主イエスは答えました。「私は人をぶん殴るために、あなたに手を与えたのではありません」。そこでその人は、「はい、わかりました」と言って足で蹴飛《けと》ばしたというのです。笑えない話ですな。

私の知っている数少ないロシア語の一つに「プラシチャイチェ」という言葉があります。「さようなら」という意味ですが、「赦してください」という意味もあるそうです。そういえば「ご免ください」と言いますね。「生かされて生きるのが人間」と言われていますが、それをもう一段階掘り下げると、「赦されて生きる」となるようです。そして、このことを知るところに人生の深化があるのでしょう。

II

ハレルヤ！

「キリスト教ってヘン。なぜって、雨が降っているのに『ハレルヤ』と言うし、晴れているのに『アーメン』なんて言っている」

こんな反応でも無関心よりははるかに良いのです。「ハレルヤ」とは「主を讃美せよ」という意味。「アーメン」は「本当にその通りです。真実です」という内容を持つ言葉であって、お天気には関係ないことをていねいに教えて、交わりの良いキッカケとしていきましょう。

そう、こんな話を思い出しましたな。砂漠で道を失い、行き倒れ寸前の男がいた。すると口バをひいた司祭がやってきた。男は「以前あなたの教会に行ったことがあります。何とか口バを譲って欲しい」と懇願した。哀れに思った司祭は、この男に口バをあげることにした。そのとき司祭は、この口バは「ハレルヤ」と言えば歩き、「アーメン」と言えば止まることを教えた。男は「ああ、これで助かった！」と心から感謝し、お礼を言うと、早速「ハレルヤ」と言って口バを進めた。

やがて口バは崖を目指してまっすぐ進んでいくではないか。男は恐怖にかられ、必死に口バを止めようとした。ところが、止める言葉が思い出せない。

「主よ、お助けを」「キリエ・エレイソン」「インマヌエル」などあれこれ言ってみたがダメ。「ああ、これでおしまい！」と観念して「アーメン」と叫んだら、ピタッと口バは止まったではないか。危機一髪。九死に一生を得た男は感謝感激をして、思わず大きな声を出した。「ハレルヤ！」

この男がその後どうなったか、この話は伝えていません。

さてさて、「歌う」とは歌えない状況をくぐり抜けてこそ、なされる業《わざ》だと言われます。ですから、とても讃美できないような心境から抜け出て神に向けられるとき、大きな信仰告白となり迫力を持つものとなるのでしょう。

バイオリンの名器は山から谷に突き落とされ、流れにもまれ、あちこちの岩にぶちあたりながら流れ着いた木から生まれるそうです。その音には、苦難をくぐり抜けてきたものが持つ音がもうしみ込んでいるのでしょうか。

試みられ、もまれ、鍛えられた人生だからこそ、歌う深さが出るのかもしれません。「うたう」は「訴う」から出た言葉だと聞きました。深き淵より、ハレルヤと讃美しましょう。

「最も深い地獄にある者ほど、純粋に歌える者はない」（F・カフカ）。

隣人のために祈る

祈りの大切な点は、人のために祈ることではないかと思います。祈り祈られることの中に人生はあるのですから。

家内安全、無病息災、商売繁盛、合格祈願などなど、みんな自分のために祈るのみ、せいぜい広げたところで、自分の家族のためにだけ祈っているのでしょう。しかも「縛られ地蔵」のように満願成就するまで縄目をほどいてあげないという激烈さを伴うこともあるのです。

長野のとある寺の池に、龍の彫刻が頭の部分のみ浮かび上がっているのを見たことがありました。「ナニ　コレ?」と尋ねてみると、雨乞《あまご》いの祈りをお百度参りで何遍も祈ったのに、黒雲も呼ばず、一向にご利益なし。遂に業を煮やした人々が龍を池に投げ捨てたとのこと。凄《すご》いですねえ。

一方、受験シーズンに通りがかった神社の境内で、絵馬が束《たば》になっているのを見かけましたが、キリスト教大学への合格祈願がズラリと並んでいるので、「イヤハヤ神様も大変だなー」と複雑な思いになったことがありましたっけ。

自分の幸福を祈ることで精一杯で、祈りの中に隣人を入れる余地がない。これが日本人の祈りの限界なのでしょうか。

しかし、祈るという言葉はキリスト教の専有物ではなく、実際多く用いられますよね。「あなたのご多幸をお祈り申し上げます」などと手紙にも多く書かれます。でも祈りは手紙の結びの常套句《じょうとうく》、慣用句としてあるのではありません。祈りは実際に祈られてこそ、初めて意味を持ちます。日本の救世軍の基礎を作った山室軍平《やまむろぐんぺい》は、娘民子さんの証言によると、手紙に「あなたのご健康を祈ります」と書いたら、キチンと筆をおいて祈っていたとのことです。ともかく、私の祈りから、私たちの祈りへと祈りの射程距離を伸ばしましょう。

こんな詩を目にしたことがあります。

何処《どこ》かで

誰かが
私のために
祈っていてくれる
私が祈るとき
いつもはっきりと
彼らの祈りを
傍受する

パラボラアンテナを広げて、たくさんの祈りをキャッチできれば、これほど励ましを与えられることはありません。「励まし」、これは「禿増《はげ》し」を連想するので、私としては禁句としているのですが、この祈られることによる励ましだけは例外です。本当に人から「祈っているからね」と声をかけられるほど、心強いことはありません。

人々のために祈る。そのとき、祈られている自分を再発見する。そして改めて祈り祈られて共生する。これこそが願わしいことではないでしょうか。

眠りのあれこれ

聖書には書かれていない、いわゆる伝説の一つに次のようなものがあります。

主イエスが説教している最中、老ヨハネがコックリ居眠りを決め込んでいるのを目撃した人が言いました。「主よ、弟子であるのにこんな情けない姿、惨《みじ》めな状態では救われませんよね」

それに対して主イエスは何とおっしゃったでしょう。「いや、いや、弓も張ったままではいざというときに役立たない。時にゆるめておくことが大切じゃ」

いいですね。ホッとしますね。こういう話は。私は会議中、議事を司《つかさど》りながら眠るという特技を持っていますから、こうした話には慰められます。

まあ、どうせ眠るなら教会で眠りましょう。主にあって眠る者は幸いなりですから。

「先生の声を聞くと安心して眠れます」なんて言われるようになれば、相当信頼を寄せられている牧師になったものだと「あきらめて」笑顔とともに対応することにしてます。


説教と眠りについての小咄《こばなし》三題。


なりたてほやほやの牧師。新しい教会で説教中、たまらず教会役員に頼んだ。

「あの二番目の椅子にいる人は、いびきをかいて眠っています。起こしてください。迷惑そのものですから」

役員が答えた。「そりゃ、不公平です」。若い牧師はけげんそうな顔をしてたずねた。「不公平ですって？　どういう意味でしょう」。役員は皮肉めいたほほえみをもって答えた。「だって、眠らせたのは先生ですよ。それを私が起こすなんていうのは」

＊　＊　＊

不眠症で悩む父親に同情した息子が、何とか力になろうと優しい気持ちをもって牧師の所へ行き、頼んだ。

「先生、父が先生の説教を耳にすると、深い眠りにつき癒されると言ってます。すみませんが、毎日説教してやってくださいませんか。そうすれば不眠症が治ると思います」

牧師は言った。「毎日説教ですって？　私が不眠症になってしまいます」

この後、この牧師と信徒の関係がどうなったのかは知らない。

＊＊＊

「疲れた者、重荷を負う者はわたしの所に来なさい。休ませてあげよう」と看板に書いてある教会に、ある人が礼拝にやってきた。そして説教を聞いているうちにぐっすり寝込んでしまった。

礼拝を終え、帰り際に言った。「ありがとうございました。看板に偽りなし。本当に休ませていただきました」

ここで健康的な一句をどうぞ。

「睡眠薬飲むのを忘れ寝てしまう」

どうですか、こういうのは。寝ているところをわざわざ起こして「時間ですよ」と言って睡眠薬を飲ませる病院があるそうです。凄《すご》いですね。だけど何かヘン。

眠りよ
嘆き悲しみでもつれた糸をほどくものよ
日々新たなる死、湯浴《ゆあ》みよ
傷を手当てし、病める魂を静める薬
自然のもてなすもう一つの宴《うたげ》
生を滋味《じみ》このうえなく寿《ことほ》ぐものよ……　（アルブレヒト・ゲース）

ああ、なんだか眠たくなってきた。

極道への道

生来身体が弱かった私は、何をしてもダメでした。身体が弱いと意志も弱くなり、ヘラヘラ笑ってごまかすばかりだったことをよく覚えています。ただ救われたのは、四月一日生まれだったことで、その学年の最後に生まれたから、何をしてもビリは仕方がないと思っていました。そして、連戦連敗という惨めでカッコ悪い現実を当然のこととして素直に受容していました。

　そんなとき、通っていた教会で、ある方のことを聞きました。Sさんというその人は、博打《ばくち》を打って大負けして行き詰まり、負債を取り返そうと狼藉《ろうぜき》を働き、刑務所で何年も暮らすことになったのです。彼は獄中で教誨師《きょうかいし》から福音を聞かされます。大酒を飲むは博打を打つは、まさに飲む打つ買うの三拍子をやりたい放題した揚げ句、残ったのは大負けの負債だけ。そんな自分のためにキリストが身代金を払って生命を賭《か》けて買い取ってくださった。この福音に接し、彼は生まれ変わりました。

四四歳で洗礼を受け、教会員となったものの、鋭い目つき、独特の容貌も相まってなかなか教会に溶けこめません。そんな中、ある礼拝でコリントの信徒への手紙一、一二章二七節のキリストの肢体の話を聞いたのです。「あなたがたはキリストの体であり、また、一人一人はその部分です」。Sさんはこの言葉を思いめぐらしました。「ワシはどの部分だろう。口でもないし、目にもなれないし……」。

そのとき、「そうだ!」とひらめきました。それは廁《かわや》（トイレ）の中でした。「ワシは足の裏だ。一番汚れやすい足の裏だ。でも足の裏で踏ん張らなければ用も足せない」。

それからのSさんは、人のいやがる奉仕を進んで行いました。汚い、危険、臭いといった3Kもなんのその、喜んで奉仕したのです。最後は神学校の賄《まかな》い、用務員として働きました。礼拝をサボって寝ている神学生を見つけると、「こらっ！　イエス様に申し訳ないと思わんか。しっかりせい！」と怒号とともにたたき起こして回ったそうです。

極道の人生を、「わたしは道である」と言われた主にあって、道を極めた極道に変えられ、辛い奉仕を積極的になし、足の裏としての人生を全うしたSさんは、やがて教会の役員として仕え、主の僕《しもべ》としての人生を歩みきりました。

私はSさんにはお目にかかったことはありませんが、負けて勝った人として、「敗者復活戦あり」ということを教えてくれた人として、強い印象を残してくれました。

無から有を

経済危機から来る閉塞感《へいそくかん》がそちこちに漂っています。確か百年前は誰もいなかったはずですが、「百年に一度の不景気」と叫ばれると、妙に説得力を感じます。危機の「危」は危険の「危」ですが、見方を変えて「機会」の「機」とはならないものでしょうか。

こんな話があります。

あるサーカスの見せ物小屋にたくさんの人が群がっていました。そこでは、筋骨隆々とした見るからに力のありそうな大男がグシャッとりんごをつぶし、グニャッと鉄棒を曲げていたのです。

「オー」とわき上がる歓声の中、大男は

オレンジを取り出し、それを絞り出しました。そして「これが最後の一滴」というところまで絞りきってから、群衆に向かってこう言い放ちました。

「さあみなさん、この私が手にしているオレンジから、もしもう一滴でも絞り出すことができたら、一滴につき一万円、いや五万円差し上げましょう。どうですか。誰か挑戦する人はいませんか」。

「エッ、一滴で五万円!」。その言葉に次から次に人々が壇の上に上がりました。でも誰もスカスカになったオレンジからは一滴も絞り出すことができません。この大男に負けず劣らぬ立派な体格をした男も挑戦してみましたが、ダメでした。

ため息が続く中、「すみません。私にやらせてくださいませんか」という声をあげながら登場した人物がいました。その人物を見た群衆は大笑いしました。大男と並んでみると、あまりに弱々しい小さな男だったからです。大男は雰囲気を盛り上げようと、仰々しくオレンジを差し出しました。「さあ、どうぞ」。ところがどうでしょう。小男がオレンジをギューッと絞ると、驚いたことに一滴どころか三滴も絞り出されたのです。

「さあ、約束を果たしていただきましょうか。三滴で一五万円ですかな」。茫然自失《ぼうぜんじしつ》の大男は声を震わせ、小男に尋ねました。「あなたは何者ですか?」「私ですか? 私は教会の会計をしています。無いところから絞り出すのが私の役目でして……」

これからの時代、赤字で苦労する教会の会計係のように、無から有を生ぜしめる人の存在がますます際立ってくるようです。無から有を創造された父なる神にあって、知恵を絞り、汗を絞っていきましょうや。

フォア・ザ・チーム

阪神タイガースの熱狂的なファンである私にとって、一年の半分はその応援に心奪われる日々が続きます（野球に興味のない方、または巨人ファンの方、お許しください）。シーズンの終わりには優勝感謝献金ができるようにしてほしいと、いつも積み立てを始めています。

ここで小咄《こばなし》を一席。

ずっと長い間、地獄の悪魔が天国のペトロに野球の試合をやろうと誘っていた。いつも断っていたペトロだが、大リーガーの名選手たちが続々と天国にやって来たので、これなら勝てるかもと思い、悪魔に連絡をした。

「挑戦に応じることにしたよ」。

「そっちが負けるだろうよ」。

「そんなことはない。こっちはお前がこれまで見たどんなチームよりもすごい選手がそろっているんだ」。

「いやいや、あんたの方が負けるとも。なにしろ、俺の方には審判が全員来ているんだからな」。

審判を買収するなんて、やはり悪魔はあくまでも「最後の審判」も恐れない。これはこれは。


ところで日本に野球を持ち込んだのは宣教師たちでした。彼らは、どちらかというと個人技、一対一の対決型の日本にチームプレーを教えました。

「One for All, All for One（一人は皆のために、皆は一人のために）」。

この言葉は、野球の特徴を示しているだけでなく、聖書の共同体の教え（一コリント一二章）を暗示しているようです。

また、野球の特徴には「犠牲」があります。犠牲バントや犠牲フライです。自分が塁に出なくても、チームのために貢献するのです。犠牲は苦行ではありません。むしろそれは喜びです。それが「For the Team」なのです。

牧師はキャッチャーです。なぜなら

1　他の選手に向かって座っている（牧師は講壇上で会衆と向き合います）。
2　全方位で配慮と指示をする（牧師は老若男女に関心を持ちます）。
3　一人だけファールグラウンドにいる（牧師は教会という場で奉仕をします）。
4　一人だけマスクをかぶり、プロテクターを着けている（牧師は神のことばという武具で身を守ります）。
5　一塁などをカバーをするためいちばんよく走る（牧師の活動範囲は多岐にわたります）。

このようなキャッチャーに、あやかりたいものですな。

聖書あれこれ

日本ではどうだかわかりませんが、欧米では大きな家庭用聖書が家の中にドカッと置かれています。代々機会あるごとに読まれてきたこの重厚な聖書も、最近では多様な用いられ方がされているようです。踏み台や押し花造りのための挟み込みに留まらず、家族の写真や料理のレシピ、果ては電話のメモまで差し込まれているようです。

あるご婦人は聖書にへそくりを隠しました。そのことを知った人が「そんなことをして大丈夫？」と聞くと、こう答えたそうです。「聖書を開く人は盗むような人ではないでしょう。また、盗みを働くような人は聖書を開くことなんかしないでしょう。だからいずれにせよ安心なの。これって確実ですわ」。

さて、聖書は全部で三万一一七三節あるのですが、そのちょうど真ん中はどこでしょう？　そんなこと知ってどうなるのって聞くご仁。まあまあ抑えて、抑えて。答えは、詩編一一八編八節の「人間に頼らず、主を避けどころとしよう」となるそうです。実に印象的ですナ。

また、聖書は二千年以上にわたって写本を通して書き写されてきましたが、中には、とんでもないミスが生じています。

・「復讐《ふくしゅう》しましょう」

一六一三年ロバート・バーカー版欽定訳聖書では、「だれに対しても悪をもって悪に報いなさい」（ローマ一二章一七節）とあります。

・「悪い者が受け継ぎます」

一六五三年ケンブリッジ版欽定訳聖書では、「正しくない者が神の国を受け継ぐことを知らないのですか」（一コリント六章九節）とあります。

・「姦淫《かんいん》しなさい」

一六三一年ベイカー&ルーカス版欽定訳聖書では、十戒の第七戒が、「汝、姦淫すべし」となっています。

・「すっぱい」
一七一七年オックスフォード版欽定訳聖書では、ルカ福音書二〇章九節以下につけた表題「ぶどう畑（Vineyard）のたとえ」が「すっぱい（Vinegar）たとえ」になってしまいました。これ失敗！

ユーモラスならまだしも、意味が逆さまになってしまったら困ってしまいますナ。

「聖書はあなたを罪から遠ざける。さもなくば罪があなたを聖書から遠ざける」と言われます。聖書を読んでいると、罪がグーンと近づいてくるのがわかりますが、反対に聖書を読まないでいると、罪がすぐ近くに来てもわかりません。エエッ、そんなことないですって。それって、感性マヒ、感覚摩滅かも。ご用心、ご用心。

さあ、聖書に親しみ、罪から遠ざけてもらいましょうや。ちなみに、新約聖書を日曜日ごとに五章ずつ読めば、あるいは、毎日旧約聖書を三章と新約聖書を一章読めば、一年間で読み終えることができますぞ。

悪魔の手の内

こんな話があります。

悪魔の子分たちが修行期間を終え、いよいよ地上に派遣されることになりました。そのとき親分は子分に、これからの作戦を報告させました。

一の子分「私は人間どもに『神なんかいない』と教えます」

親分「そんなことでダマせるのは、せいぜい一握りの人だけさ。多くの連中は、神がいるとうすうす思っているさ」

二の子分「私は『地獄なんかない』と教え込みます」

親分「そんなことをしても無駄さ。罪だらけの人間どもは、教え込まれなくても罪の結果が地獄だと知っているさ」

三の子分「私は『イエスを信じるのは良いことだが、急ぐ必要はない』と教え込んでやります」

親分「それは良い。その通りだ。直ちに実行せよ。お前はきっと多くの人間どもを滅ぼすことができるだろう。余は満足じゃ」

悪魔はあくまでも巧妙です。悪魔なんか存在しないと思わせるために身を隠します。また、「いつかそのうち」「近いうち」「やがて必ず」「折りを見て」などと言わせ、神を信じ、イエス・キリストを受け入れる決断を先延ばしにさせ、「やっぱり」「とうとう」「だめだった」とさせるのです。悪魔の得意技は、「あいまい」と「決断を遅らせること」なのです。

南米では、「まあ、楽しくやろう。堅いこと言わない」というニュアンスを持つ言葉を「アスタマニアーナ」と言うそうです。あれっ、「明日で間に合うな」とも聞こえませんかな。「今やらなくてもいい」「今日決断しなくてもいい」「明日でも間に合う」と言っているうちに、チャンスを「逃がす」「つぶす」「逸する」ことにならなければいいのですが……。

悪魔の手の内についてもう一つ追加を。悪魔の誘惑用語です。

「たった一度だからやれやれ」

「小さなことだからやっちまえ」

「みんながやっていることだから行えよ」

「まだ若いから大丈夫。やるべし！」

もっとも私にはこの最後の言葉は聞こえませんが……。

手の内を知ることは、大きな手段となります。先手必勝は悪魔との戦いにおいても然《しか》りでしょう。それにしても手の内を知っているなど怪しい、悪魔の手先では？と言われそう……。

1059へ

ある葬儀屋さんの電話番号は1059です。それは、死んだら天国（テン〈10〉ゴク〈59〉）へ行くというキャッチフレーズなのでしょう。

ところで天国と歯医者。これらに共通点があるのですが、おわかりでしょうか。最後には行きたいが、ギリギリになってからにしたい。それまでは、いろいろと楽しみたい、ということです。

こんな話があります。

ある信者が入院して大きな手術を受けることになりました。手術が無事終わったとの連絡を受けた牧師は、早速病室に行ってみたのですが、あいにく麻酔から覚めていませんでした。そこで、枕元で短く祈ってそのまま帰ることにしました。

翌日、牧師は再び病室を訪れ、こう聞きました。「いかがですか。昨日お見舞いに来ましたが、うつらうつらしておられたので、祈ったあとそのまま戻りましたが、覚えていらっしゃらないでしょうね」

するとその信者は、なんと「覚えていますよ」と言うではありませんか。「なんだか遠くの方から声が聞こえてくるので、目をうっすら開けてみたんです。そうしたら牧師さんのお顔が見えたんで、ぼんやり考えていました。『ああ、牧師さんがいらっしゃる。牧師さんがいるからにはここは天国じゃない、天国のはずがない』ってね」

イヤな話ですな。どうせ牧師は天国に行けませんよ。はいはい。


しばしば牧師はこう言われます。「もし天国について語るのなら、そこへ行く希望と喜びを語りなさい」。これなら納得、納得。

ある信者が若い牧師に尋ねました。「先生、死んだらどうなりますか?」。牧師はとっさに答えられず、神学用語を連ねつつ、ああでもない、こうでもないと訳《わけ》のわからないことをグジャグジャ言い続けていたので、とうとうしびれを切らした信者はこう言いました。「先生、どうぞゆっくりと考えていてください。私は死んだら、直ちに天国に行かせていただきますから」

もっとも揶揄《やゆ》されるのは、牧師だけではないようです。

ある町の司祭が天に召された時、町の新聞は大げさな哀悼の辞を書き連ね、「敬愛する司祭は、この涙の淵を去って天国に向かわれたのです」と結びました。それから数日後、一通の電報が新聞社に届きました。

「シサイ　マダツカヌ　シンパイナリ　テンゴクニテ　ペトロ」

III

新年は新しい機会

新年おめでとうございます。

共に人生のうちに新年が加えられたことを感謝しましょう。新しい年は、神から与えられた新しい機会です。もう一度やり直す機会が与えられたことを活かさない手はありません。chance《チャンス》、challenge《チャレンジ》、change《チェンジ》、チャンスを活かし、挑戦し、変化をもたらす、このcha《チャ》、cha《チャ》、cha《チャ》でこの年を歩みきりましょう。

あなたの神、主が御心にかけ、あなたの神、主が年の初めから年の終わりまで、常に目を注いでおられる土地である。（申命記一一章一二節）

主が温かく目を注いでいてくださる地をしっかり踏みしめていこうではありませんか。年の初めから年の終わりまで見守っていてくださる神が、「あなたの目の前に広がるところの五二万五六〇〇分（一年間）をどうやって生きていきますか」と問うておられるのです。

「元旦やまたうかうかの初めかな」。こんな呑気《のんき》な思いを吹き飛ばすのが、新年すなわち新しい機会という自覚でしょう。忘れ去りたい過去の過誤、過失、罪過の数々を主イエス・キリストによって赦《ゆる》し、リセットボタンを押してくださる恵みとしての新年こそ、新しい機会としてしっかり活かしましょう。

ところで十二支というものがあり、毎新年干支《えと》が年賀状などを賑わせます。ここで聖書的な動物たる牛を取り上げましょう。丑《うし》年があるくらいですから。牛と人間の付き合いモー長いですが、牛は世界で七億頭以上飼育されているといいますから、良きパートナーだナー。

預言者イザヤは

牛は飼い主を知り
ろばは主人の飼い葉桶を知っている。

しかし、イスラエルは知らず
わたしの民は見分けない。（イザヤ書一章三節）

と言って、神への忘恩を責めています。牛の従順さを通して人間に警告を与えたのです。牛のなんとも印象的なところは、人間が生きるために労力も、肉も、乳も、タンもすべて捧げきるところでしょう。そもそも神への供え物も牛でした。「あなたたちのうちのだれかが、家畜の献げ物を主にささげるときは、牛、または羊を献げ物としなさい」（レビ記一章二節。出エジプト記二〇章二四節参照）とあります。

牛ヘンの漢字は三百十一もあるといいますが、最もズバッと来るのは「犠牲」ですよね。犠牲となる牛の存在は、人を牛耳《ぎゅうじ》ったり、人を追い込み、ギュウギュウ言わせたり、牛歩戦術をとったり、自分だけ儲《もう》けてウッシッシなんてほくそ笑んでる者にとっては、大いなる教師ですらあります。人の救いのため、自己犠牲をいとわない年の歩みとしたいものです。アッそうだ。牧師の「牧」も牛ヘンですからね。

モー一つ追加！　福音書記者ルカのシンボルは牛です。私たちの救いとなられた主イエスの犠牲を印象的に証言しているからでしょう。

祈祷で迎えた新年

新しい年を迎えることが許されました。年の終わりまで祝福豊かでありますように。

皮肉家で鳴らしたA・ビアスは『悪魔の辞典』の中で「一年は三百六十五回の失望からなる一期間」と書きました。さすが『悪魔の辞典』を地で行き、名を体としていますナ。でも私たちは、三百六十五回の希望からなる一期間にしていきましょう。

「過去にはすべて感謝を　未来には希望を　現在には寛大な心と勇気を」。どうですか、こういう言葉はいいですね。神にすべて導かれていくのだから、過去を感謝を持って受け止め、いやな体験もひきずらない。未来に希望を持ち、現在には他人を裁かない寛大な心と、自分を責めないゆったりした心で立ち向かっていく勇気を持っていく。これですナ。

中田重治《なかたじゅうじ》という人がいます。日本ホーリネス教団の創設者です。豪快に日本各地に伝道した彼は、即興でよく歌を作った人としても有名です。かつて、ホテル王の油屋熊八《あぶらやくまはち》に迎え入れられたときのこと。二人ともツルツルのはげ頭。そこで一首、

「禿《はげ》と禿相励まして神のため御国のために照り輝かん」

いや、同じくはげ頭たる私は大いに禿増《はげま》されますね。

この中田重治が新年に語ったものです。「新年早々古き人の葬儀を執行せよ」「祈祷で迎えた新年は感謝で送れる」。そうありたいものです。

さて、「祈祷で迎えた新年」と聞くと、何を思い浮かべるでしょう? みんながしている「初詣《はつもうで》」のことでしょうか? しばらく前のこと、教会の新年礼拝に破魔矢《はまや》を持ったカップルが来たことがありました。「いきなり祈祷のはしごかぁ」と印象的だったのを憶えています。

ところで初詣と新年の祈祷の違いはどこにあるのでしょう。初詣が、家内安全、商売繁盛、健康増進、満願成就と、自分やせいぜい広げても家族の幸せを求めるのに対して、新年の祈祷

は、世界平和、人類救済、世界とすべての人のために祈ります。そればかりか、新年の祈祷は、私から私たちへと祈りの射程距離を伸ばします。射程距離というとミサイルを想像してしまい、穏やかではありませんが、祈りの対象を狭くとらえ、自分や家族に限定するのではなく、世界中にいる多くの人々に祈りを届けるのです。それが、「祈祷で迎えた新年は感謝で送れる」ということになるのです。

祈り祈られることこそ、感謝の源です。

冬来たりなば

地球温暖化とはいうものの冬は冬、やはり寒いですよね。もっとも寒いのは気候のことだけではありません、懐《ふところ》が寒いとの声もあれば、凍りつくような凄惨《せいさん》な事件の連続もあって寒々しい世相です。

　だからこそ温かい言葉をかけあい、ほんのりとした人間関係をそちこちにて結んでいきたいものです。あったかいとは「会った甲斐《かい》」に通ずるはずですから。なにっ凄《すご》いこじつけを言う勿《なか》れって？ごもっともごもっとも。

　さて「冬」という言葉の由来について、あの新井白石は語源辞典で「冬とは冷（ヒユ）也。ヒユをいひてフユといひしも、又、語の転ぜしにて、其寒冷の時なるをいひし也」と言っているとのこと。

ラテン語で冬のことを「ヒエムス」といいますが、冬は冷えますと似ていて面白いですね。

エッ？　別に面白くない？　アリャ。

この季節になると坂村真民《さかむらしんみん》の「冬がきたら」を思い出します。

冬がきたら
冬のことだけ思おう
冬を遠ざけようとしたりしないで
むしろすすんで
冬のたましいにふれ
冬のいのちにふれよう
冬がきたら
冬だけが持つ
深さときびしさと
静けさを知ろう

……
冬はわたしの壷《つぼ》である
孤独なわたしに与えられた
魂の壷である

これは彼が九〇歳の時の作品です。人生の厳しい冬の時代と重ねると一段と味わい深いものとなりますね。

ところで冬といって連想するものは雪ですよね。この雪が温暖化で少なくなり、スキー場などは大弱りとも耳にしますが、今年はどうでしょうか。

この雪をめぐって月から始まるこんな問答を思い出します。

ある日芭蕉は弟子に問うた。「月があんなに美しいのは何故か」。弟子たちは黙っていて答えられない。そこで芭蕉は言った。「月は誰のものでもない。どんな大名も金持ちも月を自分のものとすることはできない。みんなのものだから月は美しいのだ」

また雪の降った日にこう問うた。「雪はどうして美しいのか」。弟子たちがまたしても黙っていると「雪はすぐ消えるから美しい。一年中このまま残ったら誰も美しいとは感じないだろう」

どうですか、この問答は。すぐ消えるから美しい、そうですよね。過ぎゆく人生の中で、だから美しいと思うそんな感性を与えられたいものだと思わせられます。

春がふたたびめぐってきた

恋人よ、美しいひとよ
　さあ、立って出ておいで。
ごらん、冬は去り、雨の季節は終った。
花は地に咲きいで、小鳥の歌うときが来た。
この里にも山鳩の声が聞こえる。
（雅歌二章一〇〜一二節）

聖書の中の言葉とは思えぬほど、色香に冴《さ》えわたる春の到来の表現です。

春のことをスプリング（spring）と言いますが、このイメージはいいですよね。スプリングは「泉」の意味もありますし、ソファーのスプリングにも用いられます。恐らく泉のように湧き出る喜び、そして新しい生命に向かって飛び越えるバネが与えられている季節ということなのだと思いますがいかがでしょう。

こだわりグセのある私のことゆえ、今度は日本語の「春」の語源について述べます。

①草木の芽が「張る」（つぼみとなる）季節だから。
②田畑を「墾る（はる）」季節だから。
③天気が「晴る」ということだから。

いろいろな説があるものですね。

ともかく春は、生きとし生けるものすべてが活力に満ちてくる季節であることについては共通しています。気が張る、身を張る、気分も張る、そんな季節だからこそ、寒さゆえに固まった身体を、一発バーンと自ら春（張り）倒すくらいの気概を持って新しい春に向かっていきたいものです。

ここで私の好きな句を。高浜虚子の作品です。

「春風や闘志いだきて丘に立つ」

私が三十五年間牧していた教会の名前は「聖《ひじり》ヶ丘」なので、「丘に立つ」という言葉に刺激されてしまいます。立つより座ること、座るより寝転ぶことの方が大好きな私としては、「立つ」という言葉は号砲一発、目覚めを与えられますナ。

永く厳しい冬の中で忍耐をもって生き抜き、人生の歩みを深めた人は、まさにスプリングを利かせ、新しい歩みへ希望に燃えるスタートを切るのでしょう。だから「お芽出とう」と言うのかな。

ライナー・マリア・リルケの詩です。

春がふたたびめぐってきた。
大地は
初めて詩を習った子どものようだ
大地はたくさんの詩をおぼえた。
そうして

苦労した
ながい歳月のお勉強の
いま優等賞をもらうのだ。

「たくさんの詩をおぼえ」「いま優等賞をもらう」あなた、さらに成長した姿をもって生き生きと咲き匂ってください！

イースターで イイスタートを

春、すべてが新しくされるこの時期にイースターがめぐりくるのはうれしいことですね。旧約聖書には「雅歌」という個所があり、「画家」と間違えた人がいるそうですが、その二章一一節と一二節にはこう書かれています。

ごらん、冬は去り、雨の季節は
　終った。
花は地に咲きいで、小鳥の歌う
　ときが来た。
この里にも山鳩の声が聞こえる。

ここはイースターにこそ読むべき

個所ですね。もともとイースターとは、エオストレという春の女神を祭る異教の祭典をキリスト教化したといわれています。満目荒涼とした死のさまを一変させる春の到来、一巻の終わりと思っていた死が、主イエスの復活によって永遠の生命としての祭典に列せられる、このいのちの春を享受する。いったい誰が喜ばずにおれましょう。

ところでなぜ教会に鐘の音が響くのかご存知ですか？　誰ですか、「いやーカネガネ聞こうと思っていたんだ」などと言うのは……。

昔ギリシャのアテネ近郊のマラトンで戦争があったときのこと。勝利のあてがない戦況不利の都市国家アテネが勝ちを収めました。マラトンとアテネ間の四二・一九五キロ（「死に行くがごとし」と読めますぞ）を伝令が走り抜き、「ネニケーカメン（我々は勝った。我々は勝利した）」と叫んで絶命したのです。ご存知、これがマラソン競技の始まりでした。

主イエス・キリストは復活によって、最大の敵である「死」から勝利しました。この勝利を祝って、教会は「我々は勝ったぞ！」と高らかに宣言し、鐘を鳴らして礼拝を捧げるのです。そう、鐘は勝利の響きなのです。実は私の牧していた教会は、カネ不足で鐘がありません。それでも欧米の教会の鐘の音を録音したテープで鐘を鳴らしています。

虚無の力に打ちのめされ、不条理にさんざんな目に遭《あ》い、死に瀕《ひん》する私たちも、主イエスの甦《よみがえ》りにより、陰府《よみ》から帰り、この日を特別な日としているのです。敗者復活戦によって、どっこい生きているという実感を抱き、死で断ち切られることのない永遠の愛の中を歩めるので、明日があるのです。

こんなことを書くと年がバレてしまいますが、幼少のころ、紙芝居屋さんが来て、「ハイ、この続きはまた明日」と言って帰っていった情景をなつかしく思い出しています。同じように、復活された主イエスの「ハイ、この続きはまた明日」との声が聞こえてくるようです。

今年もイースターを通して、イイスタートを切りましょう。

脳より農!?

収穫の秋を迎えようとしています。私たち都会人は、収穫にあずかって当たり前、やや不作で作物が高騰《こうとう》しようものなら、ブーブー豚のように鼻を鳴らしてわめき散らすのですが、農家のみなさんの努力にもう少し感謝の度を強めなければいけないのだと、思わせられる季節でもありますな。

都会人は脳を使って稼ぎ出していますが、農家の人は脳より決してNO、ノーと言わぬ忍耐をもって与えられる収穫を待ちわびます。自然の力に謙虚である農家の人たちから、脳より農ということを考えさせられます。

こんな話も聞きましたよ。

亡くなるとき、顔つきが一番穏やかなのは、農業を営んでいる人だというのです。農に携わる人は、人間の力ではどうにもならない神の力、超自然的な力を認めざるを得ない生活をしている。だから委《ゆだ》ねきって、死を迎えても穏やかなのだろうというのです。

どうですか、こういう話は。ナニ? 死んだあとまで顔つきのことなど心配したくない?

まあ、それはそうだけど、言おうとしていることはわかりますよね。

そうそう、マルチン・ルターが語った農夫の話がありますので、紹介しましょう。

「あるところに、一人の農夫がいた。この農夫はいつも神が一切のこと、特に天候を支配することを不満に思っていた。日を照らし、雨を降らせることは自分の方がうまくやれると。こう自信を持った農夫は、神に直談判した。すると神は笑って『そんなに言うなら、やってみたらよい』と言って、自然をコントロールする権利を農夫に与えた。

農夫は大喜びし、早速、種を蒔《ま》き、耕し、ここは雨、このときは日照りと、思う通りにした。種は発芽し、葉を出し、穂をつけ、いよいよ実を結ぶ時になった。すべては順調で、『どんなもんだ、やはり神より俺の方が……』とほくそ笑みつつ、刈り入れをはじめた。

ところが、な、なんと穂の中に一粒の実も入っていなかった。それもそのはず、農夫は風を吹かせることを忘れていた。花粉が散らず、受粉せず、結実しなかったのだ」

ルターは、この話をこう結んでいます。「とかく神の手にあるものを奪おうとする者の結果はかくのごとし」

まさに、「天に坐するもの笑ひたまはん」（詩篇二篇四節、文語訳）でありますな。謙遜、謙虚、謙譲、これこそ欲しいものですね。

収穫の秋に人生の軌道修正を迫られます。

クリスマス小咄《こばなし》集

クリスマスをめぐる小咄《こばなし》（小咄というよりユーモアかな？）をいくつかご紹介しましょう。

ある王子が貧しい農夫の娘に恋をしました。愛する人のためなら何でもすると、その想いは募るばかりでした。そしてある日とうとう王子は宮殿を出て、彼女と共に生きるために農夫となってしまいました。

（これは、神の子が人の子となったクリスマスの意味と精神を表現していますね）

＊＊＊

ある謙遜な男のために誕生パーティーが催されました。宴もたけなわになって、皆が気がつきました。「アッ、シマッタ、主役を招くのを

忘れていた!」(チェーホフ「日記」より)

(キリスト抜きの誕生祝い。みんな自分が楽しむことに夢中になって、主役である主イエスを招くのを忘れている、そんなクリスマスも多いのではないでしょうか。でも、思い出しただけ、いいかもしれません。忘れたことも忘れているクリスマスもあるのですから)

＊　＊　＊

「クリスマスって誰の誕生日か知っている?」

「サンタクロースでしょう」

「違うわよ、イエス・キリストという人よ」

「その人ラッキーじゃん。クリスマスと同じ日に生まれたなんて」

(何ともいえません。ハイ)

＊　＊　＊

ある母と子がクリスマスセールでにぎわうデパートに行きました。子どもが尋ねました。

「ママ、あのXマスセールってどういう意味?」

母親は自分でもどういう意味かナーと思っていたくらいですから答えられません。でもここで答えないと親の権威失墜とばかりに言いました。

「まだ小さいからわからないと思うけれど、Xというのは、何だかわからない時のための記号として数学で使うのよ。だから何だか知らないけどマスマス盛り上がるのがXマスなの。さあ、そんなことはいいから中に入りましょう」

（Xはキリストで、救い主を表すギリシャ語の頭文字。マスは礼拝のこと。だからXマスはキリストの礼拝という意味なんだけど）

＊　＊　＊

クリスマスを目前にした学期末試験で行き詰まった学生が答案用紙にひと言書きました。「この問題の答えのすべては、神様だけがご承知です。メリー・クリスマス」。先生が答案用紙の上に返事を書きました。「神様はアルファ、君はオメガ。新年オメデトウ！」

（アルファは「はじめ」の意で、ギリシャ語アルファベットの最初の文字。オメガはその最後の文字。つまり君はビリとの意。オメーガ悪い、自業自得の意もあるかも？）

サンタさんあれこれ

サンタクロースは、セント・ニコラウスが訛《なま》った英語です。四世紀の司教ニコラウスがモデルですが、最近トルコで彼にささげられた記念礼拝堂が遺跡として発掘されて話題を呼びました。二七〇年、資産家の家に生まれ、財産を相続し、弱者救済に尽力しました。多くの人々から乞われて司教となり、迫害を耐え忍び、異端と戦い、慈善に力を注いだ名リーダーは、七三歳で亡くなり、列聖されました。このサンタクロースは、人知れず愛の贈り物を実践し、プレゼントの習慣を生み出しました。

では、サンタさんをめぐるエピソードを拾ってみましょう。

幼い姉弟の会話です。

「もし、サンタクロースを信じるのをやめたら、もうプレゼントはもらえないの？」

「大丈夫よ、パパとママは信じているから、何も心配することはないのよ」

＊＊＊

「人の嫌がる煙突から降りて、人に恵みをもたらしていく。普通の道から行かず、黒く汚れながら、恵みを運ぶサンタクロース。彼において苦難を突破するクリスマスの意味を思わせられる」（賀川豊彦）

＊＊＊

ある教会ではサンタさんからプレゼントをもらうだけではなく、他の子どもたちに贈るプレゼントをサンタさんに一人ひとり託すといいます。「受けるよりは与える方が幸いである」（使徒言行録二〇章三五節）とは、まさにこのことですナ。

＊＊＊

一九五一年一二月二三日、フランスの中東部ディジョンの大聖堂の前の広場で、サンタクロースの人形が火あぶりの刑に処せられました。それは、クリスマスはあくまでも主イエスの降誕を祝うべきなのに、サンタクロースがその意味を捻《ね》じ曲げて、宗教的に価値の無い観念を与える偽りの象徴となってしまっているからでした。

このニュースを耳にした思想家ミシェル・クォストは言いました。「そうだ、火をつけることと、これこそクリスマスにふさわしい」。もちろんこれは、サンタに火をつけるのではなく、愛に火をつけることを指していて、主イエスがこの地上に来られて灯された火を、決して消してはいけないことを示しています。クォストはさらに言います。「素手で来られた幼子は、歴史の中にもう一つの歴史を始められた。エゴイズム、不正、傲慢《ごうまん》、憎悪などと戦い、終わることのない愛の叙事詩が始まった。これぞクリスマス」。

ところで、「あまりにも残酷」とフランス中に物議を醸した事件でしたが、火あぶりにされたサンタクロースは、翌二四日、いみじくもクリスマスイブの夕方、ディジョン市役所の屋根に姿を現しました。市長の粋な計らいだったそうです。

三人の博士（新共同訳聖書では「占星術の学者たち」となっています）を導いた星は、古来より「導きの星」（Guiding Star）と言われ、クリスマスのシンボルの一つとして、クリスマスツリーの先端部分に燦然《さんぜん》と輝いています。

この「導きの星」を神様が公募することになった時のことです。

大きな光を一気に放って目立とうと、輝き続ける星が応募しました。しかし、クリスマスが来る前に燃え尽きてしまいました。反対に、時々輝くことにして、細く長く大事に光をとっておこうというセコイ星も応募しました。しかし、倹約《けんやく》しているうちに光を失ってしまい、闇夜に消えてしまいました。三番目の星が募集に応じました。この星はいつもいつも光を大切にし、思いきり輝き、病人を慰め、旅人を導き、船行く人を励まし、子どもたちに希望を与え続けていました。まさにインスタントではなくコンスタントに輝いていたのです。

なぜ、そうできたのでしょう。それは、自分の力で輝いたのではなく、光を受け、反射することこそが輝くことであると知っていたからでした。自分にこだわるのではなく、光に向き合っていく素直さを失わなかったゆえでした。心低く、しかし大胆に人のために輝くこの三番目の星が「導きの星」に選ばれたことは言うまでもありません。

禿《は》げたる私は、反射というより乱反射気味ですが、恵みの乱反射でもって周囲を明るくしていきたいとの思いを定めています。

ところで、私の神学校の旧約聖書の教授だった松田明三郎《まつだあけみろう》先生は、重度のパーキンソン病を患いながらも、不自由な身体をおして教壇に立っておられました。授業中激しい発作に見舞われ、講義が中断し、祈りつつ再開をお待ちしたことは、今でも忘れていません。

その愛する松田先生の「星を動かす少女」という詩を紹介させていただきます。

クリスマスのページェントで
日曜学校の上級生たちは
三人の博士や
牧羊者の群れや
マリヤなど
それぞれ人の目につく役を
ふりあてられたが
一人の少女は
誰も見ていない舞台の背後にかくれて
星を動かす役があたった
「お母さん、私は今夜、星を動かすの
見ていて頂戴《ちょうだい》ね」
その夜、堂に満ちた会衆は
ベツレヘムの星を動かしたものが

誰であるか気づかなかったけれど
彼女の母だけは知っていた
そこに少女の喜びがあった

IV

三つのベル

若い女性たちのエネルギーが日本の元気の源と言われていますが、彼女たちの関心事は「三つのベル」と言われています。鳴り渡るベルのことではありません。「食べる」「しゃべる」「トラベル」のことです。

おいしいものを食べ、楽しいおしゃべりを続け、自由なトラベル（旅行）ができれば言うことなし。世間や政治の問題なんかイミナイ、シラナイ、カンケイナイとなるそうな。

この「食べる」ですが、江戸時代、寺子屋で生徒にこう教えたとのこと。

「『福』という字の右の方から分解すると、一口田ネ（ひとくちだね）と読めますね。一口の幸せに感謝し、よく嚙みしめ、味わって食べましょう」。

幸福は口福から。ならば一口に心を込め、一口に感謝し、丁寧《ていねい》に味わわねばなりません。ですから、昔から食べ終わるときには「ごちそうさま」と日本人は言ってきたのでしょうね。

この食事のために馬が馳《は》せ、人が走り回ってくれたからこそ、私は恵みに導かれる。感謝なしには食べてはいけないということです。

「食前の祈り」を英語では「SAY　GRACE」と言います。グレイスは神の恵みのこと。神の恵みに感謝し、祈ることによって食し、その恵みに応《こた》えて私も人のために働いていくという思いを深めようとするのです。

イギリスの宰相クロムウェルの祈りが伝えられています。


「神よ、世界には食欲が旺盛でも食べる物がない人々がいます。また、食べる物があっても食欲がなくて食べられない人もいます。私には食べる物も食欲も与えられていることを感謝します。アーメン」

どう思いますか？　この祈り。

今の日本はいろいろと問題はありますが、食べるということに関しては、このクロムウェルの祈りを真摯《しんし》に祈るべきなのでしょう。

全世界の人口の二パーセントたる日本が、世界中の食糧の一七パーセントを消費している。しかも、食べ残しや賞味期限切れで廃棄され、ゴミと化す量は世界一というバランスの悪さ。全く祈りなしには食べられません。

感謝して食べ、人の益となることをしゃべり、意味のある旅としての人生を辿《たど》る。かくして「食べる、しゃべる、トラベル」の三つのベルは意義あるものとなるでしょう。若い女性だけに限らず、あなたにとっても。

アソビマショウ

毎度馬鹿馬鹿しいお笑いを一席。

「おい与太郎や。毎日ブラブラ遊んでいないで、ちいとは真面目に働いたらどうだ」

「へーい。でもご隠居、真面目に働くとどうなるんで」

「真面目に働けば、お金がたまるだろ」

「お金がたまるとどうなるんで」

「お金がたまると、毎日遊んで暮らせる」

「それじゃ、今のあっしと同じじゃないすか」

回し落ちでお見事。遊んでいられりゃ、言うことなしということですな。

ところで、ある人がアリをアリアリと研究した結果、働きものの代表と見られているアリもせっせと働いているのは三割だけで、あとは働いているフリをしているだけだそうです。

さらに働きものばかりを集め、真面目集団を作ったところ、やはり七割は遊んでいたというのです。アリがたくないレポートだなあ。

怠け者よ、蟻《あり》のところに行って見よ。
その道を見て、知恵を得よ。（箴言六章六節）

でも遊ぶというのは、緊張感からの解放としてもたらされるから良いのでしょうね。それに留学より遊学、外遊の方が身につくものが多いなどと聞くと、遊ぶのも思いきりとそれなりの実力が必要のようです。ただブラブラ、フラフラ、ヘラヘラ、グダグダしているだけではないことは確かでしょう。

遊びをめぐって気になることを二つ。

一つは遊びそれ自体が目的となってしまい、気分転換といったプラス面が見られなくなってしまうこと。これではOFF《オフ》のないON《オン》みたいで、それこそキレてしまうのでは。

今一つはゲームセンターの若者やパチンコに夢中の中年みたいに、遊びにおいても一人ぼっちということ。

子どもの頃「○○ちゃん　遊びましょう」という呼び声とともに、歓声を上げ、遊びに出て行ったような風景よ甦《よみがえ》れ！ですな。

みんなで楽しみ、遊びの中で新鮮な出会いが与えられる遊びの効果こそ与えられたいものです。遊びがリクリエーション、つまりRECREATION《リクリエーション》（再創造）になればよいのに。

「下の息子は全部（財産の分け前）を金に換えて、遠い国に旅立ち、そこで放蕩《ほうとう》の限りを尽くして、財産を無駄遣いしてしまった」（ルカ一五章一三節）という放蕩息子をめぐる言葉、さらに「ある金持ちがいた。いつも紫の衣や柔らかい麻布を着て、毎日ぜいたくに遊び暮らしていた」（ルカ一六章一九節）など悪いイメージが「遊び」をめぐって多くある聖書ですが、決定的な言葉があります。

> その町の街路には、男の子、女の子が満ちて、
> 街路に遊び戯《たわむ》れる。　（ゼカリヤ書八章五節、口語訳）

喜びの回復、救いの現実はかくあるのです。いいなあ。こういうの。神にあって「遊びましょう。アソビマショウ！」こそ合言葉としましょうや。

ツ離れ

「昔はこんなひどい事件はなかったのでは」「かつてこのような出来事があっただろうか」と言われているくらい、凶悪なニュースが頻発しています。「そんな言い方をするのは年をとった証拠。昔は昔」などと言われてしまうのですがねえ。

それはそれとして父親の権威失墜、存在感の欠如が、歯止めのかからない悪の連鎖と関係があるのではないかとの指摘があります。「地震、雷、火事」は今もあり続けているのに、「オヤジ」はいなくなったというのです。

こんな言葉があります。

「家庭にあっては親は子どもを怖れ、教室にあっては教師は生徒の機嫌をとり、生徒は先生を軽蔑し、社会にあっては年長者は年若い者から頭が固いとか権威主義者と言われるのを恐れて軽口と冗談ばかり言っているようなことになった」。

これは現代の教育者や評論家が嘆いている言葉ではありません。なんと二千五百年前の文章です。哲人プラトンが当時のギリシャ社会を描いた一節にあるものです。なんと現代の状況に酷似していることでしょう。どうしてこんなに共通しているかについて評論家は言います。「一口で言えば、国家や社会に規範がなくなったからである。すべてが『自由』と『解放』の二つの概念に置き換えられたからである」と。

今、振り返ってみてもなつかしいのは、親にガツンと叱《しか》られたことです。本気で叱るほど真剣に関わり愛していてくれていたことが今になってよくわかるではありませんか。

望みのあるうちに息子を諭《さと》せ。
死なせることを目指してはならない。

と箴言一九章一八節にありますが、叱るに時ありですかな。

日本には「ツ離れ」という良い言葉があります。なんで死語になってしまったのかなあ。一ツニツと数えて九ツまではキチッと躾《しつ》けろということでしょう。ツ離れしたティーンエージャーに叱っても、もう遅いということ。他人を見下し不親切なとき、弱い者いじめをするとき、責任を果たさぬとき、虚言をはくときなどを目撃したら、バチッと叱らねばダメです。怒ることは自己中心、叱ることは相手中心といわれます。恵みを公然と無にする罪に歯止めをかけるべく叱ることは大切です。相手を思うがゆえにこの点に勇気を持ちましょう。

ダビデ王は息子アドニヤを甘やかし、結果的に彼を死なせてしまいました。その原因を聖書はこう記しています。

彼は父（ダビデ）から、「なぜこのようなことをしたのか」ととがめられたことが、一度もなかった。（列王記上一章六節）

ツ離れするまで叱らなかった悲劇がここでも見られます。

会話復活

まだ寝てる帰ってみればもう寝てる
恋女房何時《いつ》か知らずに肥え女房
粗大ゴミ毎朝出すのに夜戻る
過労死はニュースだけだと妻がいい

サラリーマン川柳の入選作です。どうですか、こういうのは。ナニ？　心当たりがある？　いやー正直な反応ですナ。
　こんな四文字熟語もありますぞ。

強行妻決（強行採決）
父唱不随（夫唱婦随）
昇進少命（正真正銘）

いかがですか。エッ？　あまりにも実感がありすぎて笑うに笑えない？　ごもっともごもっとも。

家庭内離婚、仮面夫婦というのは八〇パーセントに達すると言われるのですから、今更何ということはないという現実もあるのかもしれません。「すべての家庭人は人生の半ばをあきらめている」（萩原朔太郎）なんていう言葉が思い出されます。

そうした悪しきマンネリズム、倦怠感《けんたいかん》を打破するものは何でしょう。会話ですよ、会話！　といってもこれがナカナカ。こんな話がありましたっけ。

「結婚してから二人の間は随分変わったよ。結婚するまでは、僕が話をして彼女は一生懸命聞いていた。結婚すると今度は彼女が一人でしゃべり、僕は聞き役に回った。でも三年経ったら、われわれ二人が大声でどなり、隣近所が聞き役に回るようになったよ」

でもこれって、ガンガンやるだけよいのかもしれません。「家庭は憎しみを爆発させては、これを愛によって消し止める『稽古《けいこ》』をする道場である。このバランスが新しい生命を生み出していく」と言われるのですから。

会話、いのちに満ちた言葉のやり取り、これが年とともに反比例し、減っていくとの指摘はどうなのでしょう。ある統計によると、新婚時代には一日平均三時間は会話をしていたものが、五年後には六分間に減少しているとのこと。

昔から「五ぞう亭主」なんて言われてましたね。「出かけるぞう」「食うぞう」「寝るぞう」「遅くなるぞう」「(子どものしつけは)まかせるぞう」。

「夫が話したくないようにみえる」「話し出すとすぐに面倒くさそうな顔をする」「帰るや否やすぐテレビのスイッチを入れ、話を聞く姿勢にない」云々《うんぬん》。夫の方が分が悪いですなあ。

「愛とは共に同じ方向に目を注ぐこと」ならば、共通の関心事を持つことですかね。そして何よりも相手への関心を失わぬことでしょう。「愛の反対語は憎しみではなく無関心」と言われているのですから……。

「まさか」という坂

「人生には三つの坂がある。上り坂に下り坂。さらにもう一つ。まさかという坂あり」と古来から言われています。

ある受験生がサッパリした気分で試験に臨もうと床屋に行きました。試験で数学の問題と取り組んでいたとき、無意識に鉛筆で頭をかいたせいか、マイナスの符号の上に短い毛が落ちて、マイナスがプラスになってしまったそうです。そんなことに気づくはずもなく答案用紙を出したのですが、もちろん不正解で、受験に失敗してしまいました。「まさか」という坂ですべってしまい、何ともはやという感じですナ。

私も、わずかな一点一画が違うだけで、全く異なる展開になったことがあります。

私の趣味は、古本、古切手、古民具蒐集《しゅうしゅう》で、自己紹介欄にそう書くことにしています。もっとも、私自身アンティーク（古物）になってしまっているので、古民具蒐集というのも少々ひっかかりますがね。

ある教会で説教したときのこと。講師紹介の欄に、「古木、古切手、古民具蒐集が趣味」とありました。オヤッと思ったのですが、こんな小さなことどうでもいいとそのままにしておきました。ところが、「まさか」が礼拝後しばらくして起きたのです。ある信徒の方が、「先生が古木蒐集をなさっておられるそうなので、先日裏の川に流れ着いた珍しい形の古木を持ってきました。どうぞご遠慮なくお持ち帰りください」と言うではありませんか。

わざわざ家に帰って持ってきてくださったものを、「いえいえ実は……」などとも言えず、お言葉通り、そのまま自宅に持ち帰ることにしました。電車の中でジロジロ見られるし、網棚の上に忘れたふりをして置いてくるわけにもいかず、勇気と努力で携えてきた「珍品」は、今でも書斎に鎮座しています。小さな横棒一本の線のあるなしで「本」が「木」に変わってしまう、そんな「まさか」が起こってしまうこともあり得るのだと思わせられた次第です。

子どもの頃に教わった讃美歌に、

ささやかなる　しずくすら、
ながれゆけば　海となる。
かりそめなる　あやまちも、
ほろびにいる　門《かど》ぞかし。（五四年版四六三番）

というのがありました。聖書には「ごく小さな事に忠実な者は、大きな事にも忠実である」（ルカ一六章一〇節）とあります。

小さなことを大切に、忠実に扱って、「まさか」という坂を乗り越えましょう。

アメリカ第一六代大統領エイブラハム・リンカーン（一八〇九〜六五）は、いかつい顔とずば抜けて長身だったせいで、政敵から何かと身体的なことでからかわれ、愚弄《ぐろう》されたそうです。

　上院議員の議席を民主党のダグラスと争っていたときのことです。ダグラスはリンカーンに対して、皮肉な笑いとともに聞きました。「ところでリンカーンさんに質問いたしますが、人間の足はどのくらいの長さが適当なのでしょうか」。するとリンカーンが真面目な顔をして、「お答えいたします。人間の足の長さは、胴から地面までが最適なのであります」と答えたので、聴衆はヤンヤの喝采《かっさい》をリンカーンに送りました。

リンカーンと比べることなど畏《おそ》れ多いのですが、「足が長すぎて揶揄《やゆ》されたなんてすごいナー」と思ってしまいます。だって私なんぞ、足が短すぎて「ミスター短足」「短足の進歩」「座高一（座頭市）」「ダックスフンド」などとからかわれ続けてきたのですから。

もっとも私自身、「足も短いが、気も短い。長いのは話だけ」などと自嘲《じちょう》ぎみに話して自己宣伝をしています。まあ自分のハンディ、欠点を自分で笑いながら売り出せば大したものだと思っていますがネ。

息子が幼少のころ、喘息《ぜんそく》を患い、大変苦労しました。横になって眠るとひどくむせ返るので、座布団を二つ折りにして、胸に抱え込み、壁によりかかって夜を過ごしました。ある日のこと、「親はタンソク、息子はゼンソクのヤマキタでーす」と弱さを自己PRした私に、息子はポツリとひと言つぶやきました。「喘息は治る希望があるけれど、短足は一生直らない。だから惨めさが違う」

今、息子は元気いっぱい、目一杯で、某学校の中高生を相手に運動部の顧問を務め、巨体を活かして動き回っています。一方の私は、短足を活かして足早に駆け回るのみ……。

足は、人間の身体の重要な部分である割には、見栄《みば》えのしない、目立たない部位です。そんな部位だからでしょうか、足にまつわる言葉を拾ってみても、「馬脚を現す」「失脚する」「浮き足立つ」といった表現や、「足蹴《あしげ》にする」「足元を見る」「土足で踏み込む」のような足を卑しめる言葉、さらには「足軽」「足弱」「足枷《かせ》」という悲しい言葉が少なくありません。もっとも、足がそのまま幸せに結びつくのは、シンデレラの話ぐらいでしょうか。

しかしです。この足を主イエスは洗い、「もしわたしがあなたの足を洗わないなら、あなたはわたしとなんの係わりもなくなる」と言われたのです（ヨハネ一三章八節、口語訳）。そして、そのことを忘れない限り、地に足をしっかり着けて、軽快なフットワークで伸び伸びと歩み続けられるのです。

人生で戻ってくることがない事柄が三つあるそうです。①放った矢、②語った言葉、③失ったチャンスです。

善をなしうる好機会を逃すな。

銃にはいつも弾を込めておけ。獲物を見つけたら、それを狙ってただちに発砲せよ。獲物は決して人を待たないから。

隣人に善をなす機会を見つけたなら、それを逃さない。明日まで延ばさないで、ただちにそれをせよ。なぜなら、その機会は二度と返ってこないからである。

これは、明治期に同志社を命を込めて創設した新島襄《にいじまじょう》が語った言葉だそうですが、新島襄のことを知らない学生が同志社にもいるそうです。いったいどうししゃことでしょう。何でも、「大阪城なら知っているが、新島城なんか知らない、どこにあるんですか?」と言ったとか……。

チャンスの神様フォーチューンは前髪が長く垂れていて、後頭部はまるはげ、しかも足に翼が生えている。フォーチューンが向かって来た時には準備をし、待ち構えてムンズと前髪をとらえる。もしそうしないとクルリと後ろ向きになり、あっという間に遠のいてしまうというのです。

このフォーチューン(fortune)が幸福、成功という言葉になるのもむべなるかなです。「チャンスの女神には前髪しかない」という言葉もうなずけます。

かつて「『できません』と『明日にします』というこの二つが、私の失敗の二大障壁でした」という述懐を耳にしたことがあります。誠に同感! と思ったのもそのはず、なんと私の言葉でした。

以前にも書きましたが、南米では「まあ気楽にやろうや」というのを「アスタマニアーナ」と言うそうです。「明日で間に合うな」となれば、日本語と同じ意味になりますね。今日のことを今日しなければ、「いつか、そのうち、近いうち」とか、「やがて、近々、折りを見て」と言っているうちに、「遂に、とうとう、やっぱり」ダメだったということになるのは近いです。私は「近めし男」と言われています。「近いうちにメシでも食おう」と言っておきながら、実現したためしがないからです。

機会を機械的にとらえたり、奇怪なものと思ってはなりません。タイミングをはずさず、明日まで延ばさないで、今日それをしましょう。

最後も新島襄の言葉です。

主のために人を撃ち取ることは、重大な仕事である。銃には天から授かった命の火薬と命の弾とを込めて、いつでも撃つ用意ができていなければならぬ。

人を得ようとする狩人の中には、銃に弾を込めないでいる者が多い。キリストの王国が、人々の間にもっと早く拡がらないのは、このためである。

(ウ～ン、そのとおりだナー)

戸を開く鍵

私は人からよく言われます。「先生から元気を取ったらメガネしか残りませんね」。そうストレートに言われてしまうと、「ハーヒーフーヘーホー」としか返事できません。品格とか人格が残ると言われたいのですが、まず無理なのであきらめています。

　元気一杯、目一杯やれるのは良いのですが、病んでいる人の痛みがわからないとなると、牧師としては致命的になってしまいます。それでも幼少の頃は「歩く病院」と言われるくらいの病気持ちだったのですが、中学生の時からタフになりました。

　ともかく病者の見舞いを大切にしようと心がけています。こちらが教えられ、励まされますから。

私は信じる。病気は私たちにどこかの戸を開きうる鍵だと。私は信じる。どこかに戸があって病気だけがただ一つ、それを開きうるのだと。いずれにせよ、健康な状態、元気なときでは理解するわけにいかないものがあるのだ。恐らくは病気は私たちにいくらかの真理を教えるものなのだろう。

アンドレ・ジッドの言葉です。じっと味わうとしみじみ伝わる内容ですネ。

確かに病気と共に必ず直面させられる不安、恐れ、孤独感。これらを貫いて人間の尊厳を深めていく人によって目覚めさせられることは少なくないのです。

病むことは一方で、「死の予行」(パスカル)と言われています。病床で人は多少でも死を想い、病気というマイナスをプラスに変えて深く生きるきっかけを得るのではないでしょうか。病床はその意味で人間にとって貴重な学校と言えるのかもしれません。

肉体だけでなく、精神を病むことがあります。善人だから病むという面がなくはない時代の状況です。しかしそうした病む人の祈りによって支えられる局面が多いのです。

キリスト教界の良寛と称せられる河野《こうの》進《すすむ》牧師の文を紹介しましょう。題もふるっています。

病床　神に在りて健（県）在

神経痛は大分県
痛みはだんだん広島県
これではどうにも神奈川県
どうやら見通し長崎県
痛みはなかなか山口県
とうとう薬は鳥取県
もうどうにも奈良県
こんな病気は秋田県
身も心も岩手県
しかし、神は愛なり愛知県
恵みは高し高知県
ひめ（婦人会）に愛され愛媛県

やっぱり病も徳島県

どうですか、こういう句は。今でも、河野牧師がニコニコ微笑《ほほえ》みながら語るような感じで何ともイイデスネ。

病むことにも大切なのは、神に委《ゆだ》ねるいさぎよさとユーモアの心のようです。

「柿くへば鐘が鳴るなり法隆寺」は、かの正岡子規の名句ですが、「柿食えば金がなくなる放流時」は、現代高校生の迷句です。鐘と金が混同されるご時世に辞世の話をしてもピンと来ないでしょうが、まずは一席。

鐘は鐘でも、『誰《た》がために鐘は鳴る』は、アーネスト・ヘミングウェイが四一歳の時にスペイン戦争を舞台に描いた小説です。同名のシネマはゲーリー・クーパーとイングリッド・バーグマンの共演で、まさに一世を風靡《ふうび》しました（おっと、これを知っている、知らないでは世代がはっきりしてしまいますな)。

実はこのタイトル、ヘミングウェイのオリジナルではなく、十六〜十七世紀にかけて活躍したイングランドの司祭であり作家であったジョン・ダンが書いた『死の床に臨んでの祈り　黙想一七』からの引用なのです。

いかなる人の死も私自身を減少する。なぜなら私は人類の一部として含まれているのだから。それゆえ、決して誰がために鐘が鳴っているのか知ろうと人をやって問うことは止めよ。なぜなら、その鐘こそあなた自身のために鳴っているのだから。

鐘は、死者のために鳴る弔《とむら》いの調べです。ただし、一人の死者を弔う鐘ではなく、やがて死にゆく人類全体のために鳴っているのだと、ダンは言うのです。この深い洞察に満ちたダンの言葉に、ダーンと胸撃たれてしまいます。

すべての者は、死に向かって生きているのです。このことを自覚した中世の人は、ラテン語の語呂合わせでこう言いました。「Morior《モリオール》 dum《ドゥム》 orior《オリオール》」(生まれた時、もう死に始めていた)。たとえ語呂合わせでも、こんなに重いことをこんなにも軽く言うとはスゴイ！　かくあるべき

だ！（なぜこんなに力《りき》んでいるかって？　ダジャレと言われても、シャレと言われない無念さをぶつけています）

ともかく、誰がために鐘は鳴る。あなたのために、死すべき自分を自覚させるために。そしてそれは、教会の務めです。

しかし、教会は弔いの鐘を響かせるだけでなく、勝利の鐘をも鳴らすのです。死すべき人間が主イエスの十字架の死によって罪赦《ゆる》され、永遠の生命へと至らしむ復活の恵みにあずかる者とされている。だから、「誰がために鐘は鳴る」は、復活の勝利にあずかるあなたのために！となるのです。

仏教の鐘はゴーン（gone. すべては行ってしまう、諸行無常の響きあり）と鳴り、キリスト教の鐘はカーン（come. 主イエスは再び「来る」という希望を響かせ）と鳴ります。

あとがき

福音社の月刊誌「サインズ・オブ・ザ・タイムズ」に「笑いとエスプリ」と題して三年間ほど連載していたものを一冊に纏めて出版していただくこととなりました。

実は「信徒の友」に二十六年間連載中の「シネマへの招待」の最近の作品群の評論と抱き合わせで出版する構想がありました。

「Jesus Christを略してJ・C」「Joke & Cinema これまた略してJ・C」みたいなコジツケ、コゲツキ路線でどうだろうてなことでした。

しかしシネマの方は現場が手一杯で今回は無理と判断、ではJokeだけで……ということで見切り発車的に動いた結果がこれです。

やや時を経過しているのですが、笑いには時効はないし、時好に投ずることもないだろう。大体、そんなことを重要事項と受け止める人もいないと自己チュウ的強引さでこうした事態となったわけです（ジコウ・シリーズでした）。

　そもそも「サインズ」連載のため毎月執筆していた頃は聖《ひじり》ヶ丘教会牧師でありつつ、日本基督教団総会議長の四期目をつとめ、さらには日本宗教連盟の理事長職を担い、それらを背負ったまま青山学院院長に就任して半年を経過したといった時期でした。

　どれひとつ取っても重責であるのに、その最中で「笑いとエスプリ」を書き綴《つづ》っているなどというのは不謹慎、どれもこれも適当にしていい加減だからやっていられるのだと言われかねない状況でした。

　でも今から思えば、笑いとエスプリなどというものは、暇な中、余裕のある時に浮かんでくるものとは限らない、むしろ多用にして追い詰められた中でこそ、上から縄梯子《なわばしご》が降ろされるような感じで与えられるものと受け止めていたのでしょう。

　その意味ではこの書は、その一つの証拠という意味もこめて性懲《しょうこ》りもなく敢《あ》えて出していただいたという感じです。

　書名が「天笑人語」という何やらパクリのような、いやパクリ屋そのものもどきの題がいかがわしいとの声が聞こえてきそうです。

聖書には「笑い」の語は多くはありませんが、忘れられない個所もあります。

サラは言った。
「神はわたしに笑いをお与えになった。
聞く者は皆、わたしと笑い（イサク）を
共にしてくれるでしょう。」（創世記二一章六節）

クリスチャンになったとき、洗礼名をつける伝統の教会だったら「イサク山北」がいいナーなんて思ったりした記憶があります。

それはともかく詩編二編四節に「天を王座とする方は笑い」という言葉があります。文語訳聖書では「天に坐するもの笑ひたまはん」とビシッと決めてありました。小賢しげな神なんかいないという無神の主張と傲慢《ごうまん》な人間の言動を空しい企てとして豪快に笑いとばす大いなる哄笑《こうしょう》が天に轟《とどろ》きわたっていることをこの詩編は告げています。

「あなたの罪は赦《ゆる》された」との宣言、十字架と復活にこめられた福音の威力を知るゆえに、あらゆる暗さを貫いて笑いを発していくことが可能なのだということを知っているのがキリスト者の本領なのでしょう。

そこで「天笑人語」という四文字熟語が登場するのです。もっともくだらないジョークばかり飛ばしていると「いい加減にしなさい！」とそれこそ天誅《てんちゅう》がくだるということになりかねないことも弁《わきま》えてはいるのですが。

この詩編二編四節の続きを読んでみると、

主は彼らを嘲り
憤って、恐怖に落とし
怒って、彼らに宣言される。
「聖なる山シオンで
わたしは自ら、王を即位させた。」

まあ福音の豊かさの反響板、神の愛のビッグエコーとして、この種の本も許してもらえるのでは……ということでの発行です。またゴミを増やすことになってしまったらゴミンナサイ！

本書の発行を許可してくださった福音社の斉藤宣人副編集長、そしてすばらしい挿し絵を描いてくださった長嶋洋一氏に心から感謝します。この絵のおかげで実に引き立てられました。

日本キリスト教団出版局の竹澤知代志局長ありがとうございました。また秦一紀主任のご労苦に対してもお礼申し上げます。

主にあって「にも拘《かかわ》らず」の喜びの世界を共々展開して参りましょう。みなさまの祝福を祈りつつ。

山北宣久

初出　「サインズ・オブ・ザ・タイムズ」（福音社）２００８年１月号〜２０１０年12月号

山北宣久 やまきた・のぶひさ

1941 年 4 月 1 日東京生まれ。

1963 年立教大学卒業、1966 年東京神学大学大学院修士課程修了。日本基督教団品川教会、三崎町教会を経て聖ヶ丘教会牧師（1975-2011 年）、青山学院院長（2010-14 年）を歴任。日本基督教団総会副議長（1996-2002 年）、同総会議長（2002-10 年）。

現在、ヤマザキ学園大学教授。

著書　『福音のタネ 笑いのネタ』
『おもしろキリスト教 Q&A77』
『おもしろキリスト 教質問箱［Q&A77］』
『それゆけ伝道　元気の出るエッセイ 100』
『きょうは何の日？　キリスト教 365 日』
『愛の祭典　クリスマスアンソロジー』（編著）
『福音と笑い これぞ福笑い』（以上教文館刊）ほか

共著　『心に残る E 話』（日本キリスト教団出版局刊）

監修　『グラウンド・ゼロからの祈り』（ジェームズ・R. マグロー著、日本キリスト教団出版局刊）

天笑人語

2015 年 1 月 20 日　初版発行
2015 年 4 月 20 日　再版発行

著　者　山　北　宣　久
発　行　日本キリスト教団出版局
169-0051　東京都新宿区西早稲田 2 丁目 3 の 18
電話・営業 03（3204）0422、編集 03（3204）0424
http://bp-uccj.jp

印刷・製本　三秀舎

ISBN 978-4-8184-0909-5　C0016　日キ販
Printed in Japan